AF317254

L'UNION

D'HEBÉ AVEC MINERVE,

O U

LE JEUNE DAPHNIS,

CHEF DES BERGERS D'OENOTRIE. *

PASTORALE HEROIQUE,

AVEC DES INTERMÈDES EN MUSIQUE,

QUI SERA REPRÉSENTÉE

Par les ÉCOLIERS *DU* COLLÉGE DE DIJON,

le 20. *Août* 1754.

EN PRESENCE

DE SON ALTESSE SERENISSIME,

MONSEIGNEUR

LE PRINCE DE CONDÉ,

GOUVERNEUR DE BOURGOGNE,

Tenant pour la premiere fois les États de la Province.

* L'Œnotrie, Province de l'ancienne Italie, ainſi appellée
à cauſe de ſes excellens vins.

<table>
<tr><td>

PERSONNAGES
DE LA PASTORALE.

</td><td>

ACTEURS.

</td></tr>
</table>

PERSONNAGES DE LA PASTORALE.	ACTEURS.
MINERVE, Déesse de la Sagesse,	CHARLES LENOIR, de Dijon, *Human.*
HEBE', Déesse de la Jeunesse,	GASP. GUIL. FISTET, de Gevrey, *Human.*
LE GENIE D'ŒNOTRIE,	JOSEPH BONNART, de Grenoble, *Rhétoricien,*
DAPHNIS, Fils des Chefs de l'Œnotrie,	CLAUDE-DENIS RIGOLEY, de Dijon, *Trois.*
BERGERS D'ŒNOTRIE.	
THYRSIS,	* MAURICE RAMEAU, de Dijon, *Quatriéme,*
ATYS,	* EMILIEN GUILLEMOT, de Dijon, *Quatr.*
DAMON,	* BERNARD LUCAN, de Dijon, *Rhétoricien,*
AMYNTE,	* ALBERT BEUDOT, de Dijon, *Sixiéme,*
MOPSUS,	PIERRE BREUNET, de Dijon, *Human.*
MELIBE'E,	* VORLES CHAUSSIER, de Dijon, *Human.*
MYRTILE,	* JACQUES AURY, de Dijon, *Sixiéme,*
LYCAS,	* SIMON-NICOLAS TURLOT, de Dijon, *Cinq.*
SYLVANDRE,	* CLAUDE TURLOT, de Dijon, *Cinquiéme,*
MENALQUE,	FR. GER. RICHARD DE RUFFEY, de Dij. *Six.*
CORYDON.	* PROSPER MOLE, de Dijon, *Cinquiéme.*

Ceux qui font marqués d'une * chanteront dans les Intermédes.

La Scene est dans un Vallon d'Œnotrie près d'un Temple de Minerve.

DIRA LE PROLOGUE,

CLAUDE-DENIS RIGOLEY.

DIRA L'ÉPILOGUE.

GUILLAUME-OLYMPE RIGOLEY DE PULIGNY.

La Musique est de la composition de M. le Jolivet, Architecte des Etats de Bourgogne ; & l'exécution en a été conduite par le Sieur Chauvereiche, Musicien de la Ste. Chapelle du Roi.

PROLOGUE.

BOURBON, qué votre vûë enchante nos regards !
Qu'elle infpire à nos cœurs de refpect, de tendreffe !
GRAND PRINCE ! fur vos pas volent de toutes parts
  Les Ris, les Jeux, & l'Alégreffe.
Votre augufte préfence enorgueillit ces lieux
Déja fiers d'avoir vû tant de fois vos Ayeux :
Elle y répand l'éclat que portoient avec elles
Les fublimes Vertus de ces rares modèles,
Dont la bonté, bien mieux que leurs plus grands exploits,
Annonçoit des Héros du beau Sang de nos Rois.
Ah ! que n'eft-il permis à la timide Enfance
  D'écouter un noble tranfport !

  Ouï, PRINCE, fi votre indulgence
Pouvoit nous pardonner un téméraire effort ;
  Pour vous peindre tel que vous êtes,
  Nous oferions être Poëtes.
Un fpectacle frappant s'offriroit dans nos vers.
Qu'il feroit beau d'y voir la Religion fainte,
De la Divinité portant l'augufte empreinte,
Vous montrer fur fon char aux yeux de l'Univers !
CONDE', vous feriés peint près de cette Immortelle,
Dépofant à fes pieds le fafte, la grandeur,

Et préferant le nom de son Sujet fidèle
Au titre éblouïssant de Héros, de Vainqueur.
On vous verroit, épris de l'ardeur la plus pure,
Au faîte des honneurs, dans l'âge florissant,
De mille dons qu'en vous réünit la nature,
Eriger à sa gloire un trophée éclatant.
Elle, de vos vertus composant son cortege,
      Triomphante aux yeux des Mortels,
      A l'Impiété sacrilege
Diroit : vien, confond-toi, respecte mes autels.
Mais d'un si grand tableau l'entreprise hardie,
PRINCE, nous le sentons, demande d'autres mains ;
      Et votre austere modestie,
Si nous l'osions tenter, combattroit nos desseins.
Daignés au moins souffrir que sous une autre image
Se montrent à vos yeux nos secrets sentimens :
Et que d'heureux Bergers nous prêtent leur langage
Pour peindre notre ardeur dans leurs empressemens.
Aux Vertus de Daphnis quand ils rendront hommage,
      S'ils blessoient, sans l'avoir voulu,
      Une délicatesse extrême ;
Daignés leur pardonner ; comment auroient-ils pû
      Rendre justice à la Vertu,
      CONDE', sans vous louër vous-même.

PASTORALE.

ACTE PREMIER.
SCENE PREMIERE.

THYRSIS, AMYNTE, DAMON, ATYS.

ATYS.

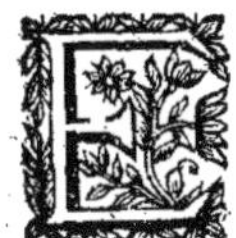PROUVEZ-vous, Thyrſis, ce que je ſens moi-même ?
Je ne ſçais ; un aimable, un tendre ſentiment,
Me fait trouver ce jour charmant :
Je goûte, à voir ces lieux, une douceur extrême :
Tout m'y cauſe un plaiſir nouveau.
Ce côteau, ces boſquets, ce temple, ces prairies,
Ce vallon, ces rives fleuries
Qu'avec mille détours arroſe ce ruiſſeau,
Tout me rend ce ſéjour plus riant & plus beau.
Tout me flatte, & ſemble me dire :
C'eſt ici l'heureux jour que votre cœur deſire.

THYRSIS.

Suivez, Atys, ſuivez de ſi doux mouvemens,

Des céleftes faveurs fecrets preffentimens.

Non , Bergers , l'heureufe Œnotrie
Jamais ne fut des Dieux plus tendrement chérie.
Et bientôt au milieu de nous
Leur attentive bienveillance
Va fixer avec l'abondance ,
Les plaifirs les plus purs , le repos le plus doux.

AMYNTE.

Penfez qu'il n'eft qu'un bien dont l'attente flatteufe
Excite nos vœux , nos ardeurs :
Et gardez-vous , Thyrfis , de féduire nos cœurs
Par une illufion trompeufe.

DAMON.

Oüi , parlez-nous du jeune & vertueux Berger ,
Dont le nom refpecté , chéri dans nos campagnes ,
Réveille fi fouvent l'Echo de ces montagnes :
Dites que fous fes loix ce jour doit nous ranger :
Que pour lui confier plûtôt nos deftinées
Les Dieux ont par leurs dons prévenu fes années :
Alors , Thyrfis , alors je conçois des plaifirs ,
Qui répondent à nos defirs.

ATYS.

Mais fi vous nous flattés de quelqu'autre efpérance ,
Connoiffez-vous l'objet dont nous fommes épris ?

Nos vœux & notre impatience

Ne veulent pas moins que Daphnis.

THYRSIS.

Bergers , votre ame satisfaite

Peut se promettre enfin le bien qu'elle souhaite.

ATYS.

Que dites-vous ? ô joye !

AMYNTE.

O plaisir ?

DAMON.

O bonheur !

AMYNTE.

Mais quel est le garant d'un espoir si flatteur ?

THYRSIS.

Le Dieu dont l'Œnotrie adore la puissance

S'empresse à seconder nos vœux.

De nos cœurs à Daphnis il peint l'impatience ,

Et l'invite à nous rendre heureux.

Ce jour même doit nous apprendre

De ses soins bienfaisans le succès espéré.

Ce qu'avec tant d'ardeur nous avons desiré ,

Bergers , osons enfin l'attendre.

DAMON.

Puissions-nous en ce jour voir nos vœux accomplis !

ATYS.

Ah ! puisse le Dieu qui nous aime

Nous rendre [aussi chers à Daphnis,

Que Daphnis nous est cher lui-même !

THYRSIS.

Mais le Dieu vient à nous. O quel bonheur extrême !

SCENE SECONDE.

LE GENIE D'ŒNOTRIE, DAPHNIS,
SUITE DE BERGERS, ET LES MEMES.

LE GÉNIE.

BErgers, qui m'êtes chers, jouïssez du bonheur
Dont le juste désir enflammoit votre cœur :
Voyez Daphnis ; Voyez l'objet de votre attente,
Il connoît de vos cœurs l'ardeur impatiente :
Et c'est pour l'engager à remplir vos desirs,
Que je le rends ici témoin de vos soupirs.

THYRSIS.

Vous connoissés, ô Dieu, notre desir extrême :
Qu'en nous guidant, Daphnis nous prouve qu'il nous aime.

DAPHNIS.

Bergers, je me croirois heureux

De répondre à votre espérance :

Mais je dois craindre dans vos vœux

Une trop prompte impatience.

CORYDON.

En différant notre bonheur

Craignez, craignez plûtôt d'accabler notre cœur.

LE GÉNIE.

N'écoutez point, Daphnis, une vertu trop sage,
Qui vous conseilleroit d'inutiles délais :
Des hommes & des Dieux quand on a le suffrage,
La modestie alors doit passer pour excès.
Vous sçavés, de ces lieux quelle est la juste attente,
Déja depuis long-tems vous leur fûtes promis :
Quand un coup trop fatal leur enleva Cléanthe,
Pan, pour les consoler, leur destina Daphnis.
De ce Dieu des Bergers la sage prévoiance
Connoissoit bien les mains qui devoient vous former :
Et dès-lors il conçut la solide espérance,
Que par l'événement il voit se confirmer.
Aujourd'hui de son choix approuvant la sagesse,
Charmé de vos vertus qui préviennent les ans,
Du bonheur de ces lieux, fidéle à sa promesse,
Il veut qu'aucun délai ne retarde les tems.
De cet aimable Dieu que mes Bergers honorent,
Et que tous les Bergers honorent avec eux,
La bonté, qu'à l'envi tous ses Sujets adorent,
Eclate tous les jours de plus près à vos yeux.
Le plus précieux don que lui-même ait pû faire,
Celui de son amour, celui de sa faveur,
Il vous l'a fait, Daphnis, même jusqu'à se plaire
A vous voir dans son ame épancher votre cœur.

Qui connoît mieux que vous fa prudence divine ?

Sans doute, du mérite il eſt Juge éclairé :

Croyez donc mériter le rang qu'il vous deſtine :

Son choix en eſt pour vous un garant aſſûré.

Enfin de mes Bergers voyez l'impatience :

Vous pouvés d'un feul mot les rendre tous heureux :

Vous refuferiés-vous à leur juſte eſpérance ?

MÉNALQUE.

Oüi, prononcez, Daphnis, & vous comblés nos vœux.

DAPHNIS.

Appui de ces Bergers, & leur Dieu Tutelaire,

Croyez qu'ils font chers à mon cœur.

J'écoute votre voix, à leurs vœux je défére,

Si je puis faire leur bonheur.

Mais, Bergers, c'eſt un art que Pallas ne réferve

Qu'aux plus chers de fes favoris.

Quand je verrai vos vœux approuvés de Minerve,

Vous ſçaurés ſi je vous chéris.

LE GÉNIE.

Confultez, j'y confens, confultez la Déeſſe :

Dans le Temple voiſin elle dicte fes loix.

Mes Bergers lui font chers : & docile à fa voix

Bientôt vous vous rendrés au defir qui les preſſe.

SCENE TROISIÉME.

LE GENIE, LES MEMES BERGERS.

LE GÉNIE.

EH bien, vous l'avés vû, Bergers, le digne Fils
De ces Chefs tendrement chéris,
Dont si long-tems l'aimable empire
Fit le bonheur de vos hameaux.
Il est né du sang des Héros,
Son air seul a pû vous le dire.

ATYS.

A l'aimable douceur, au feu de ses regards
Où respirent ensemble & les graces & Mars,
A ses charmes dont la tendresse
S'allie avec tant de noblesse,
A ses traits enfin, à son port,
Qui ne l'eût reconnu d'abord ?

LE GENIE.

Les transports de votre ame émüe,
Que je lis dans vos yeux enchantés & ravis,
Me témoignent assez qu'à sa premiére vûë
Vos cœurs vous ont dit : c'est Daphnis.

DAMON.

Quel autre en nos cœurs eût fait naître
Des plaisirs si doux, si charmans ?

C.

A de fi tendres fentimens
Aurions-nous pû le méconnoître?

LE GENIE.

Ce qui furprend en lui vos regards enchantés
N'eft toutefois, Bergers, qu'une imparfaite image
Des dons plus précieux, des rares qualités
Dont le Ciel mit en lui le plus bel affemblage.
Si fon cœur à vos yeux étaloit fes tréfors,
A quel excès iroit l'ardeur qui vous enflamme !
Les Graces, diriés-vous, ont fait un fi beau corps,
Les Vertus une fi belle ame.
Et les plus doux attraits que l'un déploie aux yeux,
Sont des beautés de l'autre une foible peinture:
Ainfi dans le cryftal d'une onde calme & pure
Se trace foiblement l'aftre qui régne aux Cieux.
Oüi, fans appréhender de n'être point fincéres,
Vous peindriés Daphnis des traits les plus charmans:
Vous diriés pour marquer vos juftes fentimens:
Daphnis fait revivre fes Peres.
Bergers, vous diriés vrai: pour connoître fon cœur,
Il faut en juger par le leur.

THYRSIS.

Il a donc la douceur affable
De ces Mortels tendrement révérés:
Il a donc la candeur aimable
De ces Bergers parmi nous adorés.

Le Genie.

Il a ce beau penchant à repandre les graces ;
        Qui par tout femoit fur leurs traces
        Mille faveurs , mille bienfaits :
        Cette tendreffe prévenante ,
        Et cette bonté prévoiante
Qui les faifoit voler au devant des fouhaits.

Damon.

Qu'avec plaifir encore on en cite les traits !

Amynte.

        Connoiffoient-ils quelque miſére
        Qu'ils n'euffent voulu foulager ?

Atys.

        En leur montrant du bien à faire
        On paroiffoit les obliger.

Melibe'e.

        Un refus même néceffaire
        Avoit de quoi les affliger.

Le Genie.

        Si dans l'ame vous pouviés lire ,
Vous feriés de Daphnis un femblable portrait.

Myrtile.

        Ah ! qu'il daigne donc nous conduire ,
        Ou qu'il ne foit pas fi parfait !

Lé Genie.

De Minerve pour vous la tendre bienveillance ,

Bergers, peut vous donner une juste espérance.
Je vais moi-même encor, touché de vos besoins,
Au succès de vos vœux donner de nouveaux soins.
Peut-être à vos desirs Hebé seroit contraire :
Mais s'il faut la calmer, Pallas le sçaura faire.
Seulement, de Minerve implorez la faveur :
C'est d'elle qu'en ce jour dépend votre bonheur.

THYRSIS.

Dieu, prêtez-nous toujours votre aimable assistance,
Et rien n'égalera notre reconnoissance.

Fin du premier Acte.

PREMIER INTERMEDE.

CHŒUR DE BERGERS.

Venez, Pallas, venez seconder nos desirs :
Venez, rendez Daphnis sensible à nos soupirs.

UN BERGER.

Autant qu'une riante Aurore
Qui nous promet le plus beau jour,
Dans nos Campagnes fait éclore
De Ris, de Jeux par son retour :
Autant Daphnis sous son empire
Nous promet de charmans plaisirs :
Espérons, s'il veut nous conduire,
De goûter les plus doux loisirs.

CHŒUR

CHŒUR.

Venez, Pallas, &c.

UN BERGER.

D'une Nymphe aimable
Les nobles attraits
Ont porté les traits
D'un amour durable
Au cœur de Daphnis :
Il se sent épris
Des Vertus, des Graces
Qui suivent ses traces.
La Nymphe à son tour
Que Daphnis enflamme,
Répond à sa flamme
Par un doux retour.
Qu'ainsi puisse plaire
Notre ardeur sincére
Au jeune Daphnis,
Comme il fait lui-même
Le plaisir extrême
De nos cœurs ravis.

CHŒUR.

Venez, Pallas, &c.

UN BERGER.

Hébé sur notre bonheur
Prendroit-elle des allarmes ?

Faites-la céder aux charmes

De votre aimable douceur.

Minerve, aſſurez votre gloire,

Donnez-nous Daphnis aujourd'hui,

Et par une double victoire

Triomphez & d'elle & de lui.

C H Œ U R.

Aſſûrez votre gloire, &c.

U N B E R G E R,

Que ſens-je, & dans mon cœur ſoudain quelle alégreſſe?

Sommes-nous exaucés? oüi, voici la Déeſſe.

Fin du premier Interméde.

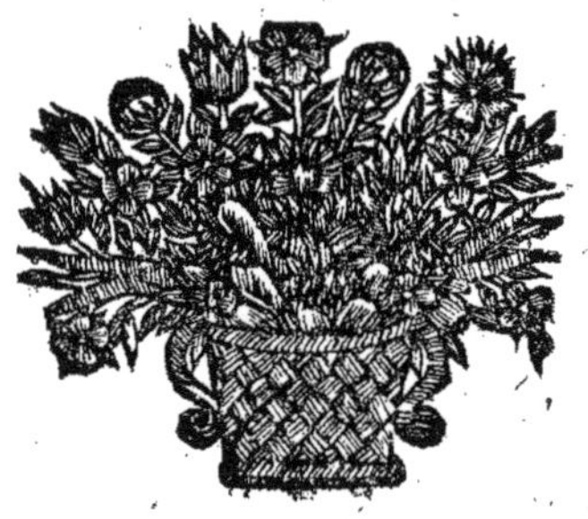

ACTE SECOND.

SCENE PREMIERE.

MINERVE, SUITE DE BERGERS.

MINERVE.

Bergers, espérez tout : je seconde vos vœux.

THYRSIS.

O divine Pallas, vous nous rendés heureux !

MINERVE.

A ma voix se montrant docile

Daphnis se dispose à céder :

A vos empressemens il est prêt d'accorder,

Par mes soins, un aveu facile.

Ce jour en doux transports va changer vos soupirs :

Que votre joye égale vos desirs.

Si quelque tems je la différe,

C'est pour la rendre plus entiére.

Déja depuis long-tems veillant sur vos besoins

J'avois fait de Daphnis l'objet de tous mes soins.

De ma faveur un nouveau gage

Doit dans ce jour même à vos yeux

La faire éclater encore mieux,

Et, pour votre bonheur, consommer mon ouvrage.

Mais sçavez-vous combien déja vous me devés ?

L Y C A S.

Ah ! vous feule, Pallas , vous feule le fçavés.

M I N E R V E.

Eh bien , connoiffez un myſtére

Dont le fecret manifeſté

Doit vous dire à quel point m'eſt chére

De ces lieux la félicité :

Apprenez, pour Daphnis jufqu'où va ma tendreſſe:

C'eſt moi qui formai fa jeuneſſe.

S Y L V A N D R E.

Des rares vertus de Daphnis

Il ne faut plus être furpris.

M I N E R V E.

Il vous fouvient encor de la perte affligeante

Que Daphnis avec vous fit en perdant Cléanthe.

Daphnis à peine alors connoiſſoit fon malheur.

Que le vôtre fut grand ! qu'il toucha votre cœur !

Mais peu de tems après ceſſérent vos allarmes ,

Et vous eſſuïates vos larmes.

Par l'efpoir dont bientôt fe flattérent vos vœux.

Vous vîtes de Cléanthe un tendre & digne Frere

A Daphnis tenir lieu de Pere ,

Et le former à l'art de faire des Heureux.

De fes foins chaque jour le fuccès plus rapide

Vous faifoit admirer le fage & l'heureux Guide.

Vous m'admiriés dans lui fans le fçavoir.

A M Y N T E

AMYNTE.

Ah! nous aurions bien dû nous en appercevoir.

MINERVE.

Comme autrefois, pour le bonheur d'Ithaque,
Voulant que de mes propres mains
Fût élevé le jeune Télémaque
J'empruntai des dehors humains :
Ainsi j'ai de Daphnis guidé le premier âge,
Voilant à vos yeux mes bontés
Sous l'air & les traits empruntés
D'un Mortel vertueux & sage.
Mais lui servant moi-même & de guide & d'appui,
Je parlois par sa bouche, & j'agissois en lui.
Chaque jour il voioit l'objet de sa tendresse
Montrer plus de vertus, montrer plus de talens :
Dans le cœur, généreux & nobles sentimens ;
Dans l'esprit, agrément, solidité, justesse :
De ses sages leçons tel étoit l'heureux fruit,
Mais lui-même il étoit divinement instruit.
Daphnis enfin est mon ouvrage ;
Jusques dans ses Jeux même, & dans les premiers Arts
Qui préparent dès le jeune âge
Aux glorieux travaux de Mars,
Ce qu'il faisoit briller de graces, de décence,
De facilité, d'élégance,
Il l'empruntoit de mes regards.

E

SYLVANDRE.

De tous vos dons en lui quelle union charmante !

MINERVE.

Avec un doux plaisir je voiois chaque jour

S'augmenter pour lui votre amour :

Je voiois croître votre attente.

Mes soins s'applaudissoient d'enflammer tous vos vœux.

Qu'il vive, disiés-vous, & nous serons heureux !

Qu'il vive, & que bientôt au bonheur de sa vie

S'unisse une Epouse accomplie !

Mes soins vous avoient prévenus.

Le choix dut être mon affaire.

Vous jugés aujourd'hui si j'ai bien sçû le faire ;

Et si le tendre Amour, les Graces, les Vertus

Jamais ont vû serrer des mains de la constance

Les nœuds d'une plus douce & plus belle alliance.

LYCAS.

Pallas, jamais votre faveur

Ne fit plus pour notre bonheur.

DAMON.

Ah ! que tant de bonté nous ravit, nous enchante !

MINERVE.

Mais il est tems enfin de remplir votre attente.

Je ne différe plus : ce moment en Daphnis

Va voir tous mes dons réünis.

Sans mesure en son sein coulera la sagesse

Qui forme les Guides parfaits.

Par ce nouveau trait ma tendreſſe

Veut, pour votre bonheur, couronner mes bienfaits.

SCENE SECONDE.

MINERVE, HEBE', LES MEMES BERGERS.

HEBE'.

Quel eſt donc le deſſein que Minerve médite ?

MINERVE.

Eh quoi ! charmante Hébé, quel trouble vous agite ?

HEBE'.

C'eſt de vous, oüi, Pallas, de vous que je me plains :
Je vous trouve toujours contraire à mes deſſeins.

MINERVE.

Déeſſe, de Minerve avez-vous donc à craindre ?
Quel ſujet, je vous prie, avez-vous de vous plaindre ?

HEBE'.

Voulez-vous ſur Daphnis uſurper tous mes droits,
Et n'eſt-il pas déja trop ſoumis à vos loix ?
Minerve, penſez-y : des Bergers de ſon âge
Les ſoins & le travail ne ſont point le partage.
Les Plaiſirs & les Jeux qui volent ſur mes pas
Doivent, dans les beaux jours, ſeuls avoir des appas.
Votre ſaiſon viendra : c'eſt maintenant la mienne :
Il eſt juſte, en ſes droits que chacun ſe contienne.

Comme moi déférez à l'ordre des deſtins :
Mes Sujets ſont à vous au ſortir de mes mains.
Mais faut-il arracher Daphnis à la Jeuneſſe,
Et déja le livrer aux ſoins de la Sageſſe ?
Non non , épargnez-lui d'onéreuſes faveurs ,
Et laiſſez le jouïr en paix de mes douceurs.

MINERVE.

J'en fais goûter, Hébé , qui remplacent les vôtres ,
Et déja , croiez-moi , Daphnis en connoît d'autres.
Non , pour lui mes faveurs n'auront rien d'onéreux :
Les ſoins ſont ſes plaiſirs , quand ils ſont des heureux.

HEBE'.

Oüï , faire des heureux eſt un plaiſir ſans doute :
Mais en eſt-ce un auſſi que les ſoins qu'il en coûte ?

MINERVE.

Je le vois , ſur Daphnis vous vous abuſés fort ,
Et vous connoiſſés peu les Héros dont il ſort.
Vous voulés juger d'eux par les régles vulgaires ,
Et les mettre au niveau des Bergers ordinaires.
Hébé , ces mêmes ſoins , qui vous ſemblent ſi durs ,
Font de leurs jeunes ans les plaiſirs les plus purs.
Ce que donne l'uſage , avec eux ſemble naître :
Et leurs premiers eſſais ſont voir des coups de maître :
Soit qu'il faille guider par leurs loix les Bergers ,
Ou par de prompts ſecours écarter leurs dangers.
Et qui ne ſçait qu'un d'eux , dès ſon cinquiéme luſtre ,

A

A fes exploits déja devoit un nom illuftre ?

H E B E'.

Déeffe, je le fçais. C'eft depuis trop long-tems
Que vous me dérobés les plus beaux de leurs ans :
Ce font-là contre vous mes plaintes ordinaires.
Mais pour m'avoir ravi la jeuneffe des Peres
Avez-vous droit, Pallas, de vouloir dans le Fils
Détruire encore mes dons par vos dons ennemis ?

M I N E R V E.

J'ai pris plaifir, Déeffe, au récit de vos plaintes :
Mais il eft tems enfin de diffiper vos craintes.
Mon cœur chérit Daphnis : mais fans être jaloux,
Et fans craindre, en l'aimant, qu'il foit aimé de vous.
Non, je ne prétends pas, difputant la victoire,
En rivale orgueilleufe éclipfer votre gloire.
Il peut m'appartenir fans vous être ravi :
Confpirons à l'aimer l'une & l'autre à l'envi.

H E B E'.

Quoi ! vous voulés qu'enfemble on foit & jeune & fage ?
Vous le fçavés, Pallas, ce n'eft point-là l'ufage.

M I N E R V E.

J'en conviens. Cependant, Déeffe, je le voi,
Daphnis va pour long-tems vous unir avec moi.
Me trompé-je ? A vous rendre, Hébé, vous êtes prête :
Un peu de crainte encore peut-être vous arrête.

F

H E B E'.

Puis-je me raſſurer ? Et me promettez-vous

Que votre amour du mien ne ſera point jaloux ?

M I N E R V E.

Il ſera doux pour moi, comptez ſur mes promeſſes,

De vous voir à Daphnis prodiguer vos careſſes.

Vos dons même & les miens par l'accord le plus beau,

Brilleront en Daphnis d'un éclat tout nouveau.

C'eſt d'Hébé, dira-t-on, qu'il a cet air aimable :

C'eſt de Pallas qu'il tient ſa prudence admirable.

Mais c'eſt par le concert de leurs dons réünis

Qu'en raviſſant les cœurs, il charme les eſprits.

Ainſi mêlera-t-on mes loüanges aux vôtres,

Et les unes toujours rappelleront les autres.

Hébé, que tardons-nous ? allons ferrer des nœuds

Dignes par leur beauté de plaire à toutes deux.

Venez, & que Daphnis, qui m'attend dans mon Temple,

De l'accord de nos dons ſoit un illuſtre exemple.

H E B E'.

Je ſens, à votre voix, ſe calmer mes ſoucis :

Vous me perſuadés, Minerve, & je vous ſuis.

J'oublie à ce moment mes craintes inquiétes :

Raſſemblons nos faveurs, rendons-les plus parfaites :

Et par leur union allons, dans ce beau jour,

De concert pour Daphnis ſignaler notre amour.

MINERVE.

Vous, Bergers, livrez-vous à la douce alégreffe :
Célébrez un accord où tout vous intéreffe.
Daphnis va plus parfait reparoître à vos yeux :
Le Ciel ne peut vous faire un don plus précieux.

Fin du fecond Acte.

SECOND INTERMEDE.

UN BERGER.

QUel bonheur le Ciel nous réferve !
Aujourd'hui pour combler nos vœux
Hébé s'unit avec Minerve,
Chantons, chantons de fi beaux nœuds.

CHŒUR.

Chantons, chantons de fi beaux nœuds.

UN BERGER.

D'une fi charmante concorde
C'eft Daphnis qui fait le lien :
Le beau, l'heureux jour où s'accorde
Notre bonheur avec le fien.

CHŒUR.

Chantons, chantons de fi beaux nœuds !
Chantons Daphnis qui va nous rendre heureux.

DEUX BERGERS.

Puiffe une union fi belle
Durer long-tems !

Que nos vœux ardens

La rendent éternelle !

UN DES DEUX MEMES.

Charmante Hébé !

L'AUTRE.

Sage Pallas !

ENSEMBLE.

Puiſſiez-vous de Daphnis ne vous ſéparer pas !

LE SECOND.

Pallas , qu'il ſoit toujours guidé par vos lumiéres ?

LE PREMIER.

Hébé , ſemez long-tems des fleurs ſur tous ſes pas.

ENSEMBLE.

De nouvelles faveurs augmentez les premiéres.

CHŒUR.

Charmante Hébé , Sage Pallas ,

Puiſſiez-vous de Daphnis ne vous ſéparer pas.

Fin du ſecond Interméde.

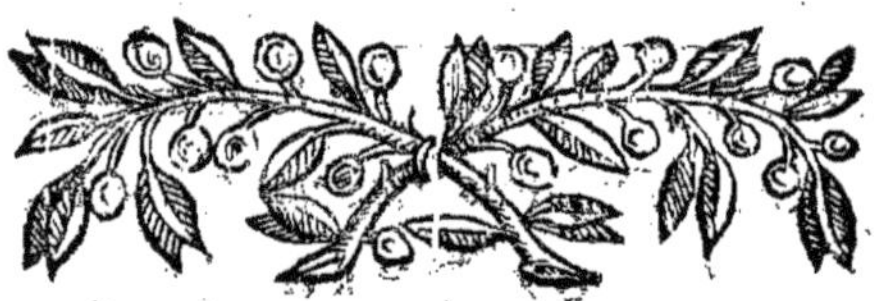

ACTE TROISIEME.

SCENE PREMIERE.

MOPSUS, THYRSIS, AMYNTE, DAMON, *&c.*

MOPSUS.

Qu'ai-je entendu, Bergers, & quels font ces concerts
Dont les fons éclatans font retentir les airs ?

THYRSIS.

Eh quoi ! vous ignorés la charmante nouvelle !

MOPSUS.

Je l'ignore, Thyrfis ; mais, parlez, quelle eft-elle ?

THYRSIS.

Daphnis eft en ces lieux.

MOPSUS.

Daphnis ! O quel bonheur !
Ne me flattez-vous point d'une trop douce erreur ?

AMYNTE.

Il n'eft rien de plus vrai : Nous l'avons vû lui-même.

MOPSUS.

J'envie, heureux Bergers, votre bonheur extrême.

DAMON.

Il a même daigné converfer avec nous ,
Et nous favorifer des regards les plus doux.

MOPSUS.

Malheureux ! que faifois-je alors en nos montagnes ?

Oüi, les plus doux plaifirs que m'offrent nos campagnes
Me font moins précieux qu'un coup d'œil de Daphnis.

A T Y S.

Confolez-vous, Berger, vos vœux feront remplis.

M O P S U S.

Quoi ! d'un fi doux efpoir je puis flatter mon ame !
Ah ! que vous irrités le defir qui m'enflamme !

M Y R T I L E.

Oüi, Daphnis va bientôt réparoître en ces lieux,
Et fa vûë à loifir pourra charmer vos yeux.

M E L I B E' E.

Mais apprenez, Mopfus, jufqu'où va notre joye ;
Connoiffez les faveurs que le Ciel nous envoye.
C'eft Minerve elle-même avec Hébé d'accord,
Qui par un tendre amour veillant fur notre fort,
A pris foin de Daphnis, veut ici le conduire,
Et doit de nos hameaux lui confier l'empire.

M O P S U S.

C'eft ce jour, je le vois, c'eft lui que m'annonçoient
Cent préfages heureux dont mes fens s'étonnoient.
Je vois pourquoi dans nos bocages
Ce matin les Oifeaux, de mille chants divers
Rempliffant à l'envi les airs,
Charmoient les lieux voifins par les plus doux ramages.
Ah ! que d'un fi beau jour, qu'il nous montroit de loin,
Le fage Hylas n'eft-il témoin !

Ses raviſſans accords étoient autant d'augures,

Et ſes prédictions ont toujours été sûres.

» Bergers, nous diſoit-il, ô trop heureux Bergers !

» Que pour vous l'avenir offre à mes yeux de charmes !

» Que je vois pour long-tems fuir d'ici les dangers,

» Et vos hameaux exempts d'allarmes !

» Sous un jeune Berger, dans la ſuite des ans,

» Vous deviendrés heureux, & le ſerés long-tems,

» Non que le doux ſort de ma vie

» Ne vous inſpire point d'envie.

» Sous des Paſteurs chéris des Cieux,

» Il eſt vrai, j'ai coûlé des jours délicieux.

» Cent fois j'ai beni la lumiére

» Qui ſous eux éclaira mon heureuſe carriére.

» Comment a-t-elle fui d'un ſi rapide cours ?

» Que ſous nos humbles toits nous paſſions d'heureux jours !

» Mais des deſtins non moins proſpéres,

» Bergers, déja vous ſont promis :

» Ce ſiécle fortuné que nous firent les Peres,

» Renaîtra pour vous ſous le Fils :

» Comme eux, il portera le beau nom de Daphnis.

» Oüi, je le vois paroître, & les Parques d'avance

» S'empreſſent à filer vos jours du plus bel or :

» Près de lui je vois l'Abondance

» Epuiſer pour vous ſon tréſor.

» Je vois les flots de lait inonder vos campagnes,

» Les ruiffeaux de nectar couler de vos montagnes :

» Je vois l'Alégreffe en tous lieux

» Entraîner fur fes pas & les Ris & les Jeux.

Eh bien ! ces jours qu'Hylas aimoit à nous prédire ;

Ces heureux jours, Bergers, commencent donc à luire :

Et moi-même, ô bonheur ! je pourrai voir Daphnis !

LYCAS.

Nous allons le revoir. Minerve l'a promis.

N'eft-ce point fon retour que l'on vient nous apprendre ?

SCENE SECONDE.

CORYDON, MENALQUE, LES MEMES.

CORYDON.

A Nos defirs enfin Daphnis daigne fe rendre.
Voyez, il en eft tems, ce qu'à le recevoir
Peut apporter de foins le plus jufte devoir.

THYRSIS.

Il fe rend à nos vœux ! ô l'heureufe nouvelle !

MÉNALQUE.

Mais, Thyrfis, c'eft à vous de fervir notre zéle.
Pour bien loüer Daphnis il nous faut ces beaux airs ;
Qui vous font écouter du Dieu même des Vers.

CORYDON.

Loüer Daphnis n'eft pas le moïen de lui plaire :
Et ce feroit tenter un deffein téméraire.

THYRSIS.

THYRSIS.

Qui de nous peut former fur fes frêles pipeaux,
Pour un goût auffi fin, des accords affez beaux ?
Par prudence du moins refpectons des oreilles,
Qui des Mufes fans ceffe entendent les merveilles.

SYLVANDRE.

J'adopte votre avis. La naïve candeur
Qui lui peindra fans art nos vœux & notre ardeur,
Seule doit à fes yeux faire notre mérite.
Le cœur parle affez bien, lorfque l'amour l'excite.

MÉNALQUE.

Oüi, dût-on m'accufer d'un imprudent excès,
Attiré vers Daphnis par les charmes fecrets
Qu'emprunte fa bonté des graces de fon âge,
J'oferai de mon cœur lui parler le langage.

CORYDON.

Vainement dirons-nous tout ce que nous pourrons :
Nous n'exprimerons pas tout ce que nous fentons.

MOPSUS.

N'importe : nos efforts prouveront notre zéle.
Pallas les aidera : repofons-nous fur elle.　　　(Symphonie.)

ATYS.

Qu'entends-je ? O doux raviffement !

THYRSIS.

Enfin voici l'heureux moment.

H

SCENE TROISIÉME.

MINERVE, HEBE', LE GENIE D'ŒNOTRIE, DAPHNIS,
LES BERGERS.

MINERVE.

Voïez votre ardeur satisfaite,
Bergers, Daphnis se rend à vos empreſſemens :
Vos vœux l'ont defiré long-tems :
Que la joïe en vos cœurs n'en soit que plus complette.
Pour réhauſſer l'éclat de ses perfections
Je viens d'enchérir sur moi-même :
Et dans lui mon amour extrême
M'a fait épuiſer tous mes dons.

HEBE'.

Et moi pour fruit de l'alliance
Qui m'unit à Pallas par des liens ſi beaux,
Je veux par des attraits qui foient toujours nouveaux,
De ses dons en Daphnis relever l'excellence.

LE GENIE.

Déeſſes, mes Bergers trouvent dans vos faveurs
De vos aimables foins le plus précieux gage.
Agrées, par ma voix que s'expliquent leurs cœurs :
Si leur fort les ravit, ils vous en font hommage.
Vos bontés pour Daphnis font des bienfaits pour eux :
En le rendant parfait, vous les rendés heureux.

MINERVE.

Oüi, que de leur bonheur & de notre tendreſſe
Ils reçoivent enfin le garant de nos mains.
Pour répondre, Daphnis, au deſir qui les preſſe,
Vous-même aſſûrez-les de leurs heureux deſtins.

DAPHNIS.

J'attends, ſage Pallas, de vos bontés propices,
Pour guider ces Bergers, les ſecours aſſûrés :
Et je conſens ſous vos auſpices
A leur donner les loix que vous me dicterés.

ATYS.

Rien ne manque au bonheur que le Ciel vous envoye :
Eclatez doux concerts, & marquez notre joie. (*Symphonie.*)

LE GENIE.

Préſentant une houlette à Minerve.

De votre main, Pallas, Daphnis doit recevoir
Ce ſymbole de ſon pouvoir.

MINERVE.

Donnant la houlette à Daphnis.

A ce ſigne de votre empire
Sur les Troupeaux & les Bergers,
Je joins le don de les conduire,
Et d'écarter d'eux les dangers.

DAPHNIS.

Recevant la houlette.

Je tiendrai la houlette : en bien régler l'uſage,

Pallas, ce sera votre ouvrage.

DAMON.

Eclatez, éclatez concerts
A nos joïeux tranfports, prêtez vos plus beaux airs. *(Symphonie.)*

MINERVE.

Daphnis eft votre Chef : il eft digne de l'être :
Que vos refpects, Bergers, égalent fes vertus :
    Par les honneurs qui lui font dûs
    Commencez à le reconnoître.
Ce qu'en fecret le cœur dicte à chacun de vous,
    Qu'un feul l'exprime au nom de tous.

THYRSIS.

    Daphnis, en daignant nous conduire,
    Qu'aujourd'hui vous faites d'heureux !
    Vivre fous votre aimable empire
    Etoit l'objet de tous nos vœux.
    Nous voïons moins dans notre hommage
    Notre devoir qu'un doux plaifir :
    Vous obéir eft l'avantage
    Qu'anticipoit notre defir.

DAPHNIS.

Ma tendreffe, Bergers, de votre zéle extrême
    Méritera la vive ardeur.
Puiffiez-vous dans mes foins trouver votre bonheur !
Si je vous rends heureux, je le ferai moi-même.

LE GÉNIE.

LE GENIE.

Bergers, mes desseins sont remplis :

Voilà dans ce moment tous vos vœux accomplis.

Donnez à vos transports une libre carriére :

Vos chants n'auront jamais de plus digne matiére.

Fin du troisiéme Acte.

TROISIEME INTERMEDE.
CHŒUR DE BERGERS.

Sur nos hautsbois, sur nos musettes,

Chantons à l'envi ce beau jour,

Et puissions-nous long-tems dans ces douces retraites

Célébrer son heureux retour.

Sur nos hautsbois, sur nos musettes,

Chantons à l'envi ce beau jour.

Les memes *tour à tour.*

Doux plaisirs, que ramene Flore

Quand renaît le tems de ses fleurs,

Valez-vous ceux que dans nos cœurs

Daphnis en ce jour fait éclore ?

Qu'il vive l'objet de nos vœux,

Le Berger qui nous rend heureux !

Cette félicité charmante,

Dieux, est le fruit de vos bienfaits :

Mettez le comble à nos souhaits :

Que votre faveur soit constante :

Qu'il vive l'objet de nos vœux,
Le Berger qui nous rend heureux !

Qu'il vive, & que la Nymphe aimable
Qui fait la douceur de ses jours,
Nous rende encor plus beau le cours
D'un bonheur parfait & durable :
Qu'ils vivent les heureux Epoux,
Pout remplir nos vœux les plus doux.

Que bientôt Daphnis, heureux Pere,
Se complaise en un digne Fils,
Dans qui se trouvent réunis
Les touchans attraits de sa Mere :
Qu'ils vivent les heureux Epoux,
Pour remplir nos vœux les plus doux !

Vous, dont se servit la Sagesse
Pour serrer des nœuds si charmans,
De votre amour sentez long-tems
S'applaudir en eux la tendresse.
Qu'ils vivent les heureux Epoux,
Pour remplir nos vœux les plus doux ?

Bergers, qu'ici tout nous rapelle
Le souvenir d'un si beau jour.
Qu'à tous les Echos d'alentour
Redise sans fin notre zéle :
Qu'ils vivent les heureux Epoux !
De nos vœux, ce font les plus doux.   *FIN.*

ÉPILOGUE.

PRINCE, excufez notre indiscréte Muse :
De vos bontés trop long-tems elle abuse.
Daignez encor la souffrir un inftant.
L'objet pourra vous paroître important.
Tous nos Bergers dans leur séjour champêtre
Sont enchantés d'avoir DAPHNIS pour Maître.
Dans leurs chanfons, leurs fêtes, & leurs ris,
L'air retentit du beau nom de DAPHNIS.
Dans tous les cœurs l'Alégreffe eft entiére;
Tout la reffent, la marque à fa maniére :
Et la gaîté qui régne en nos hameaux,
Semble paffer des Bergers aux troupeaux.
On a beau faire : il faut, fans qu'on les mene,
Les laiffer feuls s'ébatre dans la plaine.
On les voit donc, folâtres & légers,
Libres de crainte, & loin de leurs Bergers,
Courir, fauter, bondir dans les prairies,
Sans mettre fin à leurs douces folies.
D'un fort fi beau, PRINCE, au milieu de nous
J'en connois maints, qui font un peu jaloux :
Tendres moutons, qu'une crainte inquiéte
Fait à regret refter fous la houlette.

De votre cœur écoutez la bonté,
Donnez-leur, PRINCE, un peu de liberté,
Vous les verrés pleins de reconnoissance
Aller chantant votre magnificence.
Ils diront tous, en troupe réünis,
Vive CONDÉ: Vive notre DAPHNIS.

A DIJON, chez P. DE SAINT, seul Imprimeur du Roi & du Collége.